THIS JOUR

BOOK COVER

☆☆☆☆☆
____ STAR RATING

TITLE
AUTHOR
GENRE
METHOD   LENGTH
RE-READ WORTHY?
QUOTE

BOOK COVER

☆☆☆☆☆
____ STAR RATING

TITLE
AUTHOR
GENRE
METHOD   LENGTH
RE-READ WORTHY?
QUOTE

BOOK COVER

★★★★★
____ STAR RATING

TITLE _____
AUTHOR _____
GENRE _____
METHOD _____ LENGTH _____
RE-READ WORTHY? _____
QUOTE

BOOK COVER

★★★★★
____ STAR RATING

TITLE _____
AUTHOR _____
GENRE _____
METHOD _____ LENGTH _____
RE-READ WORTHY? _____
QUOTE

BOOK COVER

★★★★★

___ STAR RATING

TITLE
AUTHOR
GENRE
METHOD   LENGTH
RE-READ WORTHY?
QUOTE

BOOK COVER

★★★★★

___ STAR RATING

TITLE
AUTHOR
GENRE
METHOD   LENGTH
RE-READ WORTHY?
QUOTE

BOOK COVER

TITLE

AUTHOR

GENRE

METHOD   LENGTH

RE-READ WORTHY?

QUOTE

★★★★★
____ STAR RATING

BOOK COVER

TITLE

AUTHOR

GENRE

METHOD   LENGTH

RE-READ WORTHY?

QUOTE

★★★★★
____ STAR RATING

BOOK COVER

TITLE

AUTHOR

GENRE

METHOD   LENGTH

RE-READ WORTHY?

QUOTE

★★★★★
_____ STAR RATING

BOOK COVER

TITLE

AUTHOR

GENRE

METHOD   LENGTH

RE-READ WORTHY?

QUOTE

★★★★★
_____ STAR RATING

BOOK COVER

TITLE

AUTHOR

GENRE

METHOD   LENGTH

RE-READ WORTHY?

QUOTE

____ STAR RATING

BOOK COVER

TITLE

AUTHOR

GENRE

METHOD   LENGTH

RE-READ WORTHY?

QUOTE

____ STAR RATING

BOOK COVER

☆☆☆☆☆
___ STAR RATING

TITLE
AUTHOR
GENRE
METHOD   LENGTH
RE-READ WORTHY?
QUOTE

BOOK COVER

☆☆☆☆☆
___ STAR RATING

TITLE
AUTHOR
GENRE
METHOD   LENGTH
RE-READ WORTHY?
QUOTE

BOOK COVER

TITLE _____

AUTHOR _____

GENRE _____

METHOD   LENGTH

RE-READ WORTHY?

QUOTE

★★★★★
____ STAR RATING

BOOK COVER

TITLE _____

AUTHOR _____

GENRE _____

METHOD   LENGTH

RE-READ WORTHY?

QUOTE

★★★★★
____ STAR RATING

BOOK COVER

TITLE

AUTHOR

GENRE

METHOD　　　　LENGTH

RE-READ WORTHY?

QUOTE

★★★★★
____ STAR RATING

BOOK COVER

TITLE

AUTHOR

GENRE

METHOD　　　　LENGTH

RE-READ WORTHY?

QUOTE

★★★★★
____ STAR RATING

BOOK COVER

TITLE

AUTHOR

GENRE

METHOD　　　　LENGTH

RE-READ WORTHY?

QUOTE

⭐⭐⭐⭐⭐
___ STAR RATING

BOOK COVER

TITLE

AUTHOR

GENRE

METHOD　　　　LENGTH

RE-READ WORTHY?

QUOTE

⭐⭐⭐⭐⭐
___ STAR RATING

BOOK COVER

⭐⭐⭐⭐⭐
____ STAR RATING

TITLE _____
AUTHOR _____
GENRE _____
METHOD _____ LENGTH __
RE-READ WORTHY? _____
QUOTE

BOOK COVER

⭐⭐⭐⭐⭐
____ STAR RATING

TITLE _____
AUTHOR _____
GENRE _____
METHOD _____ LENGTH __
RE-READ WORTHY? _____
QUOTE

BOOK COVER

☆ ☆ ☆ ☆ ☆
____ STAR RATING

TITLE
AUTHOR
GENRE
METHOD   LENGTH
RE-READ WORTHY?
QUOTE

BOOK COVER

☆ ☆ ☆ ☆ ☆
____ STAR RATING

TITLE
AUTHOR
GENRE
METHOD   LENGTH
RE-READ WORTHY?
QUOTE

BOOK COVER

★★★★★
____ STAR RATING

TITLE _____
AUTHOR _____
GENRE _____
METHOD _____ LENGTH
RE-READ WORTHY? _____
QUOTE

BOOK COVER

★★★★★
____ STAR RATING

TITLE _____
AUTHOR _____
GENRE _____
METHOD _____ LENGTH
RE-READ WORTHY? _____
QUOTE

BOOK COVER

★★★★★
____ STAR RATING

TITLE	
AUTHOR	
GENRE	
METHOD	LENGTH
RE-READ WORTHY?	
QUOTE	

BOOK COVER

★★★★★
____ STAR RATING

TITLE	
AUTHOR	
GENRE	
METHOD	LENGTH
RE-READ WORTHY?	
QUOTE	

BOOK COVER

TITLE

AUTHOR

GENRE

METHOD   LENGTH

RE-READ WORTHY?

QUOTE

★★★★★
____ STAR RATING

BOOK COVER

TITLE

AUTHOR

GENRE

METHOD   LENGTH

RE-READ WORTHY?

QUOTE

★★★★★
____ STAR RATING

BOOK COVER

★★★★★
___ STAR RATING

TITLE
AUTHOR
GENRE
METHOD   LENGTH
RE-READ WORTHY?
QUOTE

BOOK COVER

★★★★★
___ STAR RATING

TITLE
AUTHOR
GENRE
METHOD   LENGTH
RE-READ WORTHY?
QUOTE

BOOK COVER

TITLE

AUTHOR

GENRE

METHOD   LENGTH

RE-READ WORTHY?

QUOTE

⭐⭐⭐⭐⭐
___ STAR RATING

BOOK COVER

TITLE

AUTHOR

GENRE

METHOD   LENGTH

RE-READ WORTHY?

QUOTE

⭐⭐⭐⭐⭐
___ STAR RATING

BOOK COVER

TITLE

AUTHOR

GENRE

METHOD   LENGTH

RE-READ WORTHY?

QUOTE

___ STAR RATING

BOOK COVER

TITLE

AUTHOR

GENRE

METHOD   LENGTH

RE-READ WORTHY?

QUOTE

___ STAR RATING

BOOK COVER

TITLE

AUTHOR

GENRE

METHOD   LENGTH

RE-READ WORTHY?

QUOTE

★★★★★
____ STAR RATING

BOOK COVER

TITLE

AUTHOR

GENRE

METHOD   LENGTH

RE-READ WORTHY?

QUOTE

★★★★★
____ STAR RATING

BOOK COVER

TITLE

AUTHOR

GENRE

METHOD   LENGTH

RE-READ WORTHY?

QUOTE

☆☆☆☆☆
_____ STAR RATING

BOOK COVER

TITLE

AUTHOR

GENRE

METHOD   LENGTH

RE-READ WORTHY?

QUOTE

☆☆☆☆☆
_____ STAR RATING

BOOK COVER

TITLE

AUTHOR

GENRE

METHOD   LENGTH

RE-READ WORTHY?

QUOTE

★★★★★
____ STAR RATING

BOOK COVER

TITLE

AUTHOR

GENRE

METHOD   LENGTH

RE-READ WORTHY?

QUOTE

★★★★★
____ STAR RATING

BOOK COVER

TITLE

AUTHOR

GENRE

METHOD   LENGTH

RE-READ WORTHY?

QUOTE

★★★★★
_____ STAR RATING

BOOK COVER

TITLE

AUTHOR

GENRE

METHOD   LENGTH

RE-READ WORTHY?

QUOTE

★★★★★
_____ STAR RATING

BOOK COVER

TITLE

AUTHOR

GENRE

METHOD   LENGTH

RE-READ WORTHY?

QUOTE

★★★★★
____ STAR RATING

BOOK COVER

TITLE

AUTHOR

GENRE

METHOD   LENGTH

RE-READ WORTHY?

QUOTE

★★★★★
____ STAR RATING

BOOK COVER

★★★★★
___ STAR RATING

TITLE
AUTHOR
GENRE
METHOD   LENGTH
RE-READ WORTHY?
QUOTE

BOOK COVER

★★★★★
___ STAR RATING

TITLE
AUTHOR
GENRE
METHOD   LENGTH
RE-READ WORTHY?
QUOTE

BOOK COVER

TITLE

AUTHOR

GENRE

METHOD   LENGTH

RE-READ WORTHY?

QUOTE

★★★★★

___ STAR RATING

BOOK COVER

TITLE

AUTHOR

GENRE

METHOD   LENGTH

RE-READ WORTHY?

QUOTE

★★★★★

___ STAR RATING

BOOK COVER

TITLE

AUTHOR

GENRE

METHOD LENGTH

RE-READ WORTHY?

QUOTE

★★★★★
_____ STAR RATING

BOOK COVER

TITLE

AUTHOR

GENRE

METHOD LENGTH

RE-READ WORTHY?

QUOTE

★★★★★
_____ STAR RATING

BOOK COVER

TITLE _____
AUTHOR _____
GENRE _____
METHOD   LENGTH
RE-READ WORTHY?
QUOTE

★★★★★
____ STAR RATING

BOOK COVER

TITLE _____
AUTHOR _____
GENRE _____
METHOD   LENGTH
RE-READ WORTHY?
QUOTE

★★★★★
____ STAR RATING

BOOK COVER

TITLE

AUTHOR

GENRE

METHOD   LENGTH

RE-READ WORTHY?

QUOTE

★ ★ ★ ★ ★
_____ STAR RATING

BOOK COVER

TITLE

AUTHOR

GENRE

METHOD   LENGTH

RE-READ WORTHY?

QUOTE

★ ★ ★ ★ ★
_____ STAR RATING

BOOK COVER

⭐⭐⭐⭐⭐
___ STAR RATING

TITLE
AUTHOR
GENRE
METHOD   LENGTH
RE-READ WORTHY?
QUOTE

BOOK COVER

⭐⭐⭐⭐⭐
___ STAR RATING

TITLE
AUTHOR
GENRE
METHOD   LENGTH
RE-READ WORTHY?
QUOTE

BOOK COVER

TITLE _____
AUTHOR _____
GENRE _____
METHOD _____ LENGTH _____
RE-READ WORTHY? _____
QUOTE

★★★★★
_____ STAR RATING

BOOK COVER

TITLE _____
AUTHOR _____
GENRE _____
METHOD _____ LENGTH _____
RE-READ WORTHY? _____
QUOTE

★★★★★
_____ STAR RATING

BOOK COVER

TITLE

AUTHOR

GENRE

METHOD   LENGTH

RE-READ WORTHY?

QUOTE

★★★★★
____ STAR RATING

BOOK COVER

TITLE

AUTHOR

GENRE

METHOD   LENGTH

RE-READ WORTHY?

QUOTE

★★★★★
____ STAR RATING

BOOK COVER

TITLE
AUTHOR
GENRE
METHOD   LENGTH
RE-READ WORTHY?
QUOTE

★★★★★
_____ STAR RATING

BOOK COVER

TITLE
AUTHOR
GENRE
METHOD   LENGTH
RE-READ WORTHY?
QUOTE

★★★★★
_____ STAR RATING

BOOK COVER

TITLE _____

AUTHOR _____

GENRE _____

METHOD _____ LENGTH _____

RE-READ WORTHY? _____

QUOTE

★★★★★
_____ STAR RATING

BOOK COVER

TITLE _____

AUTHOR _____

GENRE _____

METHOD _____ LENGTH _____

RE-READ WORTHY? _____

QUOTE

★★★★★
_____ STAR RATING

BOOK COVER

★★★★★
_____ STAR RATING

TITLE
AUTHOR
GENRE
METHOD   LENGTH
RE-READ WORTHY?
QUOTE

BOOK COVER

★★★★★
_____ STAR RATING

TITLE
AUTHOR
GENRE
METHOD   LENGTH
RE-READ WORTHY?
QUOTE

BOOK COVER

★★★★★
___ STAR RATING

TITLE
_____

AUTHOR
_____

GENRE
_____

METHOD   LENGTH
_____

RE-READ WORTHY?

QUOTE

BOOK COVER

★★★★★
___ STAR RATING

TITLE
_____

AUTHOR
_____

GENRE
_____

METHOD   LENGTH
_____

RE-READ WORTHY?

QUOTE

BOOK COVER

___ STAR RATING

TITLE
AUTHOR
GENRE
METHOD   LENGTH
RE-READ WORTHY?
QUOTE

BOOK COVER

___ STAR RATING

TITLE
AUTHOR
GENRE
METHOD   LENGTH
RE-READ WORTHY?
QUOTE

BOOK COVER

★★★★★
____ STAR RATING

TITLE _____
AUTHOR _____
GENRE _____
METHOD _____ LENGTH __
RE-READ WORTHY? _____
QUOTE _____

BOOK COVER

★★★★★
____ STAR RATING

TITLE _____
AUTHOR _____
GENRE _____
METHOD _____ LENGTH __
RE-READ WORTHY? _____
QUOTE _____

BOOK COVER

TITLE

AUTHOR

GENRE

METHOD　　　　LENGTH

RE-READ WORTHY?

QUOTE

___ STAR RATING

BOOK COVER

TITLE

AUTHOR

GENRE

METHOD　　　　LENGTH

RE-READ WORTHY?

QUOTE

___ STAR RATING

BOOK COVER

★★★★★
____ STAR RATING

TITLE ____
AUTHOR ____
GENRE ____
METHOD ____ LENGTH ____
RE-READ WORTHY? ____
QUOTE

BOOK COVER

★★★★★
____ STAR RATING

TITLE ____
AUTHOR ____
GENRE ____
METHOD ____ LENGTH ____
RE-READ WORTHY? ____
QUOTE

BOOK COVER

TITLE

AUTHOR

GENRE

METHOD   LENGTH

RE-READ WORTHY?

QUOTE

___ STAR RATING

BOOK COVER

TITLE

AUTHOR

GENRE

METHOD   LENGTH

RE-READ WORTHY?

QUOTE

___ STAR RATING

BOOK COVER

★★★★★
_____ STAR RATING

TITLE _____
AUTHOR _____
GENRE _____
METHOD _____ LENGTH _____
RE-READ WORTHY? _____
QUOTE

BOOK COVER

★★★★★
_____ STAR RATING

TITLE _____
AUTHOR _____
GENRE _____
METHOD _____ LENGTH _____
RE-READ WORTHY? _____
QUOTE

BOOK COVER

___ STAR RATING

TITLE

AUTHOR

GENRE

METHOD   LENGTH

RE-READ WORTHY?

QUOTE

BOOK COVER

___ STAR RATING

TITLE

AUTHOR

GENRE

METHOD   LENGTH

RE-READ WORTHY?

QUOTE

BOOK COVER

★★★★★
___ STAR RATING

TITLE _____
AUTHOR _____
GENRE _____
METHOD _____ LENGTH __
RE-READ WORTHY? _____
QUOTE

BOOK COVER

★★★★★
___ STAR RATING

TITLE _____
AUTHOR _____
GENRE _____
METHOD _____ LENGTH __
RE-READ WORTHY? _____
QUOTE

BOOK COVER

★★★★★
___ STAR RATING

TITLE
AUTHOR
GENRE
METHOD   LENGTH
RE-READ WORTHY?
QUOTE

BOOK COVER

★★★★★
___ STAR RATING

TITLE
AUTHOR
GENRE
METHOD   LENGTH
RE-READ WORTHY?
QUOTE

BOOK COVER

⭐⭐⭐⭐⭐
___ STAR RATING

TITLE _____
AUTHOR _____
GENRE _____
METHOD _____ LENGTH _____
RE-READ WORTHY? _____
QUOTE

BOOK COVER

⭐⭐⭐⭐⭐
___ STAR RATING

TITLE _____
AUTHOR _____
GENRE _____
METHOD _____ LENGTH _____
RE-READ WORTHY? _____
QUOTE

BOOK COVER

☆☆☆☆☆
___ STAR RATING

TITLE _____
AUTHOR _____
GENRE _____
METHOD _____ LENGTH ____
RE-READ WORTHY? _____
QUOTE

BOOK COVER

☆☆☆☆☆
___ STAR RATING

TITLE _____
AUTHOR _____
GENRE _____
METHOD _____ LENGTH ____
RE-READ WORTHY? _____
QUOTE

BOOK COVER

TITLE

AUTHOR

GENRE

METHOD   LENGTH

RE-READ WORTHY?

QUOTE

★★★★★

_____ STAR RATING

BOOK COVER

TITLE

AUTHOR

GENRE

METHOD   LENGTH

RE-READ WORTHY?

QUOTE

★★★★★

_____ STAR RATING

BOOK COVER

★★★★★
___ STAR RATING

TITLE
AUTHOR
GENRE
METHOD   LENGTH
RE-READ WORTHY?
QUOTE

BOOK COVER

★★★★★
___ STAR RATING

TITLE
AUTHOR
GENRE
METHOD   LENGTH
RE-READ WORTHY?
QUOTE

BOOK COVER	TITLE _____
	AUTHOR _____
	GENRE _____
	METHOD _____ LENGTH _____
	RE-READ WORTHY? _____
★★★★★	QUOTE
___ STAR RATING	

BOOK COVER	TITLE _____
	AUTHOR _____
	GENRE _____
	METHOD _____ LENGTH _____
	RE-READ WORTHY? _____
★★★★★	QUOTE
___ STAR RATING	

BOOK COVER

TITLE

AUTHOR

GENRE

METHOD   LENGTH

RE-READ WORTHY?

QUOTE

⭐⭐⭐⭐⭐
____ STAR RATING

BOOK COVER

TITLE

AUTHOR

GENRE

METHOD   LENGTH

RE-READ WORTHY?

QUOTE

⭐⭐⭐⭐⭐
____ STAR RATING

Printed in Great Britain
by Amazon